# BEI GRIN MACHT SICH IHR WISSEN BEZAHLT

AF151823

- Wir veröffentlichen Ihre Hausarbeit, Bachelor- und Masterarbeit

- Ihr eigenes eBook und Buch - weltweit in allen wichtigen Shops

- Verdienen Sie an jedem Verkauf

## Jetzt bei www.GRIN.com hochladen und kostenlos publizieren

Anonym

# Die Zeit in "Momo" von Michael Ende

GRIN Verlag

**Bibliografische Information der Deutschen Nationalbibliothek:**

Die Deutsche Bibliothek verzeichnet diese Publikation in der Deutschen National-
bibliografie; detaillierte bibliografische Daten sind im Internet über http://dnb.d-
nb.de/ abrufbar.

**Impressum:**

Copyright © 2012 GRIN Verlag GmbH
Druck und Bindung: Books on Demand GmbH, Norderstedt Germany
ISBN: 978-3-656-76365-9

**Dieses Buch bei GRIN:**

http://www.grin.com/de/e-book/281732/die-zeit-in-momo-von-michael-ende

**GRIN - Your knowledge has value**

Der GRIN Verlag publiziert seit 1998 wissenschaftliche Arbeiten von Studenten, Hochschullehrern und anderen Akademikern als eBook und gedrucktes Buch. Die Verlagswebsite www.grin.com ist die ideale Plattform zur Veröffentlichung von Hausarbeiten, Abschlussarbeiten, wissenschaftlichen Aufsätzen, Dissertationen und Fachbüchern.

**Besuchen Sie uns im Internet:**

http://www.grin.com/

http://www.facebook.com/grincom

http://www.twitter.com/grin_com

# Gliederung

# 1. Einleitung

„Es ist nicht zu wenig Zeit, die wir haben, sondern es ist zu viel Zeit, die wir nicht nutzen"[1]. Für den berühmten römischen Philosoph und Stoiker[2] Lucius Annaeus Seneca ist Zeit etwas Kostbares. Er findet, dass die Menschen, die ihnen gegebene Zeit nicht sinnvoll nutzen. Viele Menschen klagen an, dass ihr Leben viel zu kurz sei. Das ist nicht richtig, denn viele nutzen die ihnen verbleibende Zeit einfach falsch. „Das Leben ist lang genug, wenn es genutzt wird"[3]. Die Menschen müssen ihre Zeit in die schönen Dinge des Lebens investieren und nicht nur rund um die Uhr schuften. Sie verschwenden ihre Lebenszeit aufgrund von Gier, Ehrgeiz, Neid und anderen Begierden. Sie geben ihre Zeit anderen und ihr Leben gehört nicht mehr ihnen. Lediglich das Eigentum, nicht die Zeit, wird von ihnen sorgfältig bewacht.

Die vorliegende Arbeit befasst sich mit dem Motiv „Zeit" und der Fragestellung: „Wie stellt Michael Ende dieses Motiv in seinem Roman „Momo" dar?"
Ziel der Arbeit ist es herauszufinden, wie das Motiv „Zeit" in dem Roman von Michael Ende umgesetzt bzw. dargestellt wird. Gegenstand der Analyse ist der fantastische Märchenroman „Momo oder Die seltsame Geschichte von den Zeit- Dieben und von dem Kind, das den Menschen die gestohlene Zeit zurückbrachte" (kurz: „Momo") aus dem Jahr 1973 von Michael Ende.
Die Arbeit gliedert sich in insgesamt drei Teile. Teil 1 befasst sich zu Beginn mit der Definition des Motivs „Zeit". In Teil 2 wird dann der Inhalt des Märchenromans „Momo" von Michael Ende kurz vorgestellt. Danach soll im letzten 3. Teil untersucht werden, wie das Motiv „Zeit" im vorliegenden Roman dargestellt wird. Dazu teilt sich dieser Teil in insgesamt drei Unterteile. Die Unterteile stehen für die drei Kapitelüberschriften des fantastischen Märchenromans „Momo" von Michael Ende. Dadurch erfahren die Leser/innen, wie der Buchautor das Motiv in seinen Kapiteln jeweils darstellt. Abschließend werden die wichtigsten Ergebnisse der vorliegenden Arbeit noch einmal kurz zusammengefasst und ein Ausblick auf die Relevanz der Untersuchungsergebnisse gegeben.

---

[1] Lucius Annaeus Seneca: De Brevitate Vitae (Von der Kürze des Lebens) 1,3. 3. Auflage. Deutscher Taschenbuch Verlag, 2005. *(Original lat.: "Non exiguum temporis habemus, sed multum perdidimus.")*
[2] <u>Stoiker:</u> Vertreter des Stoizismus (Philosophenschule, die nach dem Ideal der Natur arbeitet und mit der Tugend als einzige Quelle der Glückseligkeit zufrieden ist. (vgl. de.wiktionary.org/wiki/Stoizismus, Aufruf: 25.03.2013)
[3] Lucius Annaeus Seneca: De Brevitate Vitae (Von der Kürze des Lebens) 1,3. 3. Auflage. Deutscher Taschenbuch Verlag, 2005. *(Original lat.: "Non exiguum temporis habemus, sed multum perdidimus.")*

Die vorliegende Arbeit ist nach dem Prinzip der Hermeneutik aufgebaut. Auf der Grundlage des Märchenromans „Momo" von Michael Ende ist ein neuer wissenschaftlicher Text entstanden, der der obengenannten Forschungsfrage detailliert nachgeht. Hinzugezogen wurden für die Definition der Zeit zusätzlich die Thesen der Relativitätstheorie des berühmten Physikers Albert Einstein.

Zu der Frage nach dem Motiv der Zeit in Michael Endes Märchenroman „Momo" gibt es noch keine wissenschaftliche Arbeit. Zu den Teilthemen „Zeit", sowie zum Roman „Momo" findet man verschiedene Ausarbeitungen, jedoch keine, die beide Themen miteinander in Bezug setzt. Ergänzende, hilfreiche Literatur aus Stadtbibliotheken konnte zu dem vorliegenden Thema nicht gefunden werden.

## 2. Definition des Motivs „Zeit"

Was ist Zeit? Auf diese Frage gibt es bis heute keine richtige Antwort. Das aktuelle Wissen.de Lexikon beschreibt Zeit als „ein kontinuierliches Fortschreiten, innerhalb dessen sich alle Veränderungen vollziehen". In der Physik ist Zeit (Formelzeichen $t$) eine nicht beeinflussbare physikalische Größe, die an allen Orten des Universums gleich abläuft. Man kennzeichnet damit die Bewegung von Körpern durch die Angabe ihrer Orte zu verschiedenen Zeitpunkten und betrachtet daher die Zeit als eine zu den drei Raumkoordinaten hinzutretende „4. Koordinate". Der Physiker Albert Einstein führte verschiedene Untersuchungen zur Zeitmessung an räumlich getrennten Punkten durch. Diese brachten ihn zu seiner *Relativitätstheorie,* in der die Bewegung eines Körpers in dem formal eingeführten, raum- und zeitumfassenden „vierdimensionalen Raum" untersucht wird. Als Maß für die Zeit verwendet man in der Physik die SI- Sekunde, die sich an der Resonanzfrequenz des Cäsium- Atoms orientiert[4].

Im Alltag verstehen die Menschen unter Zeit das, was Uhren messen. Zeit kennt nur eine Richtung. Wir können Zeit nicht anhalten, nicht zurückdrehen, sie fließt immer von der Vergangenheit in die Zukunft. Eine zerbrochene Glasscheibe setzt sich nicht wieder von selbst zusammen, wenn man den Ball, der den Schaden verursachte, zurückwirft.

Im bürgerlichen Leben wird die Zeit nach dem Lauf der Sonne um die Erde (Tage und Stunden) und dem Lauf der Erde um die Sonne (Jahr und Jahreszeiten) bestimmt. Zur Zeitmessung dienen Uhren, die durch astronomische Beobachtungen korrigiert werden[5].

---

[4] Das aktuelle wissen.de Lexikon, 2004, Band 24, S. 240- 241
[5] Das aktuelle wissen.de Lexikon, 2004, Band 24, S. 240- 241

In der Alltagssprache wird der Begriff Zeit häufig in zwei verschiedenen Bedeutungen verwendet: Zeitdauer und Zeitpunkt[6].

Einerseits bezeichnet Zeit einen Zeitpunkt, zu dem ein Ereignis eintritt, andererseits bezeichnet Zeit, die Dauer von Vorgängen. Ob mit Zeit ein Zeitpunkt oder eine Zeitdauer gemeint ist, geht oft aus dem Zusammenhang hervor. Der Wert eines Zeitpunktes hängt davon ab, auf welchen Nullpunkt sich die Zeitangabe bezieht und welche Zeiteinheit benutzt wird. Die Zeitangabe „18 Uhr" bezeichnet beispielsweise ein Ereignis, das 18 Stunden nach Mitternacht eintrifft; die Zeitangabe „29. November" gibt Tage und Monate als Zeiteinheiten und die Jahreswende als Nullpunkt an. Für die genauen Angaben von Zeitpunkten wird meist die „koordinierte Weltzeitskala" (UTC) verwendet. Diese Skala wird an die Erdrotation angepasst. Genaue Werte für die Zeitskalen können überall auf der Welt von GPS- Navigationssatelliten gemessen werden.

Die Zeitdauer wird häufiger in Zusammenhang mit dem Begriff „Zeit" verwendet, als der Zeitpunkt. Hiermit ist diejenige Zeit gemeint, die zwischen zwei Ereignissen vergeht und von Uhren gemessen werden kann. Die Zeitdauer besteht daher immer aus zwei festen Zeitpunkten. *Beispiel:* „*Ereignis 1 besteht darin, dass der Läufer den Startpunkt verlässt. Ereignis 2 besteht darin, dass der Läufer im Ziel eintrifft. Jedes der beiden Ereignisse findet zu einem bestimmten Zeitpunkt statt.*"

## 3.    Kurzer inhaltlicher Überblick des Romans „Momo"

Der Märchenroman „Momo" oder „Die seltsame Geschichte von den Zeitdieben und von dem Kind, das den Menschen die gestohlene Zeit zurückbrachte" erschien im Jahr 1973. Der Roman umfasst insgesamt 298 Seiten. Im Anhang befinden sich 37 Seiten Schulmaterial.

Die Geschichte spielt in einer Großstadt in Südeuropa. Das kleine Mädchen Momo kämpft gegen die grauen Herren, die den Menschen der modernen Zeit ihre wertvolle Lebenszeit rauben. Michael Ende hat seinen Roman aus der fantastischen Kinder- und Jugendliteratur in drei Kapitel eingeteilt.

Im ersten Kapitel „Momo und ihre Freunde" werden die Hauptfiguren Momo, Gigi Fremdenführer, Beppo Straßenkehrer, sowie die grauen Herren vorgestellt. Momo ist ein kleines mageres Mädchen und die Protagonistin des Romans. Sie ist aus einem Kinderheim weggelaufen und weiß nicht, wie alt sie ist. Man vermutet, dass die

---

[6] Der Brockhaus 2005, 11. aktualisierte Auflage, S. 1005

Kleine „vielleicht erst acht, oder schon zwölf" ist[7]. Sie wohnt in einer Ruine eines Amphittheaters. Die Leute in ihrer Umgebung sind ebenfalls arm, aber sie unterstützen und versorgen das kleine Mädchen. Momo ist ein besonderes Mädchen. Sie schenkt den Menschen ihre Zeit und tut ihnen gut. Auch andere Kinder lieben es, mit ihr zu spielen.

Momos beste Freunde sind Gigi Fremdenführer und Beppo Straßenkehrer. Beppo ist ein wunderlicher Mann, weil er lange nachdenkt, bevor er antwortet, um nichts Falsches zu sagen. Im Gegensatz dazu ist Gigi leichtsinnig, lustig und ein fantasievoller Geschichtenerzähler. Er träumt davon, einmal reich und berühmt zu werden.

Zuletzt tauchen die grauen Herren, die Antagonisten des Romans, auf. Sie erscheinen plötzlich und werden immer zahlreicher. Dabei verhalten sie sich so unauffällig, dass niemand ihre Anwesenheit bemerkt. Sie rauchen unentwegt kleine graue Zigarren und von ihnen geht eine unheimliche Kälte aus.

Im zweiten Kapitel „Die grauen Herren" stellen sich die grauen Herren den Leuten der Stadt als Agenten einer Zeitsparkasse vor. Diese Herren rechnen ihnen vor, wie viel Zeit sie sparen könnten, wenn sie angeblich nutzlose Tätigkeiten aus ihrem Leben streichen würden. Die Menschen finden Gefallen daran. Sie arbeiten schneller und hetzen durch den Tag ohne Pausen und Vergnügen. Die Menschen sparen zwar Zeit, aber trotzdem haben sie immer weniger davon. Die Zeit wird ihnen tatsächlich von den grauen Herren gestohlen. Ihr Leben ist dadurch arm und freudlos geworden. Niemand hat mehr Zeit für den anderen. Besonders die Kinder leiden darunter. Als Momo dieses bemerkt, will sie helfen. Dabei gerät sie ins Visier der grauen Herren. Diese versuchen Momo mit einer tollen Puppe zu erpressen. Als Gegenleistung soll sie ihre Freunde aufgeben. Momo ist zunächst hin- und hergerissen, fühlt sich dann aber von der Puppe gelangweilt. Durch ihre Standhaftigkeit verliert ein grauer Herr kurz die Kontrolle über sich und verrät dem Mädchen, dass die grauen Herren "ohne ein von den Menschen angespartes Zeitguthaben nicht existieren" können. Außerdem läuft ihr Geschäft mit dem Zeitsparen nur solange sie unerkannt und geheim bleiben.

Momo, Beppo und Gigi rufen eines Tages zu einer großen Versammlung auf, um die Wahrheit über die grauen Herren zu verbreiten, aber niemand erscheint. Stattdessen erkennen die grauen Herren die große Gefahr, die von Momo ausgeht und sie beschließen, die Kleine zu fangen. Eine große Verfolgungsjagd beginnt, doch Momo kann entkommen. Die Schildkröte Kassiopeia, die die Zeit immer eine halbe Stunde vorhersehen kann, erscheint und führt sie auf geheimen Wegen aus der Stadt heraus zu Meister Hora. Dieser Meister kann die Zeit verwalten. Momo sieht, wie eine

---

[7] Michael Ende: Momo oder Die seltsame Geschichte von den Zeitdieben und von dem Kind, das den Menschen die gestohlene Zeit zurückbrachte. 2. Auflage. Stuttgart/ Wien: Thienemann Verlag GmbH, 2005. S.8

Stundenblüte nach der anderen sich entfaltet und verwelkt, während sich bereits die nächste Knospe öffnet. Meister Hora erklärt ihr, dass sie in Wirklichkeit gerade ihr eigenes Herz gesehen habe.

Weil die grauen Herren Momo nicht finden können, beschließen sie, die Freunde des Mädchens noch weiter von ihr zu entfremden. Wenn sie zurückkommt, soll sie völlig alleine dastehen. Außerdem erkennen die Herren, dass nicht allein Momo, sondern viel mehr Meister Hora ihr Widersacher ist. Daraufhin beschließen sie, Momo nicht mehr zu bekämpfen, sondern das Mädchen zu benutzen, um Meister Hora zu finden.

Im dritten und letzten Kapitel „Die Stunden- Blumen" haben die grauen Herren alles unter ihrer Kontrolle. Sie stehlen die Stunden- Blumen der Menschen und drehen aus den getrockneten Blütenblättern ihre Zigarren. So sichern sie ihr Überleben. Zur gleichen Zeit wird Gigi mit seinen Geschichten zu einem gefeierten Star. Beppo ist in Sorge um die verschwundene Momo. Er arbeitet viel und will sie retten. Außerdem werden alle Kinder in sogenannten „Kinderdepots" verwahrt, wo sie Nützliches fürs Leben lernen sollen. Als Momo nach einem Jahr von Meister Hora ins Amphittheater zurückkehrt, vermisst sie ihre Freunde. Diese sind Opfer der grauen Herren geworden und haben keine Zeit mehr für Momo. Die grauen Herren aber wollen von Momo zu Meister Hora geführt werden, um die vollständige Kontrolle der Zeit zu übernehmen. Noch einmal führt die Schildkröte Kassiopeia Momo zu Meister Hora. Dabei werden sie jedoch von den grauen Herren verfolgt. Das Reich von Meister Hora können die grauen Herren aber nicht betreten. Durch den Rauch ihrer Zigarren entsteht jedoch eine undurchdringliche Nebelwand, die verhindert, dass Meister Hora den Menschen ihre Lebenszeit schicken kann. Momo ist nun die einzige, die die Stadt retten kann.

Meister Hora hält dann die Zeit für eine Stunde an, damit Momo das große unterirdische Lager der grauen Herren finden kann. Zusätzlich bekommt Momo eine Stunden- Blume, mit der sie eine Stunde lang überleben kann.

Als die grauen Herren den Zeit- Stopp bemerken, werden sie panisch und eilen in ihr Lager. Sie wollen die übriggebliebene Zeit und damit ihr Überleben sichern. Die Herren reißen sich gegenseitig die Zigarren aus dem Mund und zum Schluss bleiben nur wenige der grauen Herren übrig. Mit Hilfe der Schildkröte gelingt es Momo dann, den Zeitdieben zu folgen. Sie findet deren Lager und verschließt die Tür zu den Stunden- Blumen.

Als sie mit der Stunden- Blume von Meister Hora die „eingefrorenen Zeit- Ersparnisse berührt, wird die Zeit aufgetaut und kehrt zu den Menschen zurück". Danach lösen sich alle grauen Herren nach und nach im Nichts auf. Momo ist es gelungen, den Menschen die geraubte Zeit zurückzugeben. Die Menschen finden in ihr altes

Leben zurück. Sie haben wieder Zeit füreinander und Freude an ihrer Arbeit. Auch die Kinder sind wieder fröhlich und treffen sich bei Momo zu einem großen Fest.

# 4.  Das Motiv „Zeit" in Michael Endes Roman „Momo"

In diesem Teil wird auf die Forschungsfrage „Wie wird das Motiv „Zeit" in Michael Endes Roman dargestellt?" detailliert eingegangen. Wie oben bereits erwähnt, ist dieser Teil in insgesamt drei Unterteile eingeteilt. Die Namen der Unterteile entsprechen den Namen der jeweiligen Kapitel in Michael Endes Roman.

## 4.1.  Kapitel: „Momo und ihre Freunde"

Im ersten Kapitel „Momo und ihre Freunde" geht Michael Ende gleich zu Beginn des Romans auf das Motiv der Zeit ein. Er stellt das Motiv „Zeit" als etwas „Veränderbares" dar. Zeit bringt Veränderungen mit sich, z.B. die äußerlichen Veränderungen einer Stadt oder einer Person:

> „Wo in alten, alten Zeiten, die Menschen noch in ganz anderen Sprachen redeten [...], es breite Straßen, enge Gassen und winkelige Gässchen gab [...], herrliche Tempel mit goldenen und marmonen Götterstatuen standen [...] und die Leute sich versammelten, um Neuigkeiten zu besprechen [...]"[8], „fahren die Menschen heute mit Autos und Straßenbahnen, haben Telefon und elektrisches Licht"[9].

Die Zeit verändert also das Aussehen einer Stadt und die Gewohnheiten der Menschen. Viele alte Gemäuer wurden bis heute durch moderne Häuser und Gebäude ersetzt. Die Menschen brauchen auch nicht mehr zu Fuß gehen, sondern können bequem auf ein Auto oder ein anderes öffentliches Verkehrsmittel ausweichen.

Michael Ende gibt seiner Hauptfigur Momo eine wichtige Eigenschaft in Bezug auf das Motiv der Zeit: „Momo ist reich an Zeit, weshalb sie den Leuten im Dorf lange und genau zuhören kann"[10]. Daher ist sie in ihrem Dorf sehr beliebt. Die Leute fühlen sich bei Momo geborgen, weil sie sich für alle Dorfbewohner die nötige Zeit nimmt. Michael Ende stellt die Zeit als eine Bereicherung für das Leben der Men-

---

[8] Michael Ende: Momo oder Die seltame Geschichte von den Zeitdieben und von dem Kind, das den Menschen die gestohlene Zeit zurückbrachte. 2. Auflage. Stuttgart/ Wien: Thienemann Verlag GmbH, 2005. S.5
[9] Ebd., S.6
[10] Michael Ende: Momo oder Die seltame Geschichte von den Zeitdieben und von dem Kind, das den Menschen die gestohlene Zeit zurückbrachte. 2. Auflage. Stuttgart/ Wien: Thienemann Verlag GmbH, 2005, S.16

schen dar. Wenn Menschen sich Zeit für etwas/ jemanden nehmen, wirkt sich dieses immer positiv auf die Stimmung der Mitmenschen aus. Es kann u.a. dabei helfen, Konflikte untereinander zu lösen. Im ersten Kapitel haben die beiden Dorfbewohner Nino und Nicola einen handfesten Streit. Sie lösen ihn am Ende, weil sie sich die nötige Zeit nehmen, um die Streitigkeiten auszuräumen.

Ferner ist Zeit für den Autor Michael Ende etwas, dass den ehrlichen Umgang miteinander fördert. Michael Endes Figur „Beppo Straßenkehrer" nimmt sich beispielsweise immer etwas mehr Zeit, um auf Fragen zu antworten, da er aus Eile auch oft etwas Unwahres sagen oder vergessen kann"[11]. „Sich Zeit nehmen" heißt auch, ehrlich zu sein. Die Figur Beppo Straßenkehrer hat in Michael Endes Roman seine eigene Auffassung zum Motiv „Zeit". Er erklärt es folgendermaßen:

> „Manchmal hat man eine sehr lange Straße vor sich. Man denkt, die ist so schrecklich lang; das kann man niemals schaffen, denkt man. Und dann fängt man an, sich zu eilen. Und man eilt sich immer mehr. Jedes Mal, wenn man aufblickt, sieht man, dass es gar nicht weniger wird, was noch vor einem liegt. Man darf nie an die ganze Straße auf einmal denken, verstehst du? Man muss auf den nächsten Schritt denken. Auf einmal merkt man, dass man Schritt für Schritt die ganze Straße gemacht hat"[12].

Beppo glaubt, dass man Zeit nicht sparen kann. Wenn man es versucht, so braucht man nur noch umso länger. Je schneller man arbeitet, desto länger dauert es also, bis man sein Ziel erreicht. Michael Ende bringt zum Ausdruck, dass es wichtig ist, dass die Menschen sich ihre Zeit sinnvoll einteilen.

## 4.2. Kapitel: „Die grauen Herren"

Zu Beginn des zweiten Kapitels „Die grauen Herren" beschreibt Michael Ende die Zeit als etwas, das alle Menschen kennen. „Alle haben daran teil, aber niemand nimmt sie wirklich wahr"[13]. Die Zeit ist also etwas „Bekanntes", aber zugleich „Unsichtbares". Wir leben mit der Zeit, jeder kennt sie, aber keiner kann sie wirklich vernehmen.

---

[11] Ebd., S. 37
[12] Ebd., S. 36- 37
[13] Michael Ende: Momo oder Die seltsame Geschichte von den Zeitdieben und von dem Kind, das den Menschen die gestohlene Zeit zurückbrachte. 2. Auflage. Stuttgart/ Wien: Thienemann Verlag GmbH, 2005, S. 60

Für Michael Ende ist Zeit auch etwas „Subjektives" und „Lineares". Zeit kann einem wie eine Ewigkeit vorkommen, mitunter kann sie aber auch wie ein Augenblick vergehen- je nachdem, was man in einer bestimmten Stunde erlebt. Jeder nimmt Zeit anders wahr und jeder kann frei über sie entscheiden (Subjektivität).

Sie fängt mit der Geburt eines Menschen an und hört mit seinem Tod auf (Linearität). „Und wenn mein Herz aufhört zu schlagen? […] Wenn das Herz einmal aufhört zu schlagen, dann hört auch die Zeit für eine Person auf."[14]

Zeit kann man nicht anfassen und nicht festhalten. Sie ist etwas, das immerzu vorbeigeht. Außerdem vergleicht Michael Ende sie mit einer Art Musik, „die man bloß nicht hört, weil sie immer da ist"[15].

Im zweiten Kapitel stellt Michael Ende das Motiv „Zeit" in einem Rätsel dar:

> *„Drei Brüder wohnen in einem Haus,*
> *die sehen wahrhaftig verschieden aus,*
> *doch willst du sie unterscheiden,*
> *gleicht jeder den anderen beiden.*
> *Der erste ist nicht da, er kommt erst nach Haus.*
> *Der zweite ist nicht da, er ging schon hinaus.*
> *Nur der dritte ist da, der Kleinste der drei,*
> *denn ohne ihn gäb's nicht die anderen zwei.*
> *Und doch gibt's den dritte, um den es sich handelt,*
> *nur weil sich der erste in den zweiten verwandelt.*
> *Denn willst du ihn anschaun, so siehst du nur wieder immer einen der anderen*
> *Brüder. Nun sage mir: Sind die drei vielleicht einer? Oder sind es nur zwei?*
> *Oder ist es gar – keiner?*
> *Und kannst du, mein Kind, ihre Namen mir nennen,*
> *so wirst du drei mächtige Herrscher erkennen.*
> *Sie regieren gemeinsam ein großes Reich –*
> *und sind es auch selbst! Darin sind sie gleich"* (S.171).

„Der erste ist nicht da, er kommt erst nach Haus […]" – damit meint Michael Ende die Zukunft. „Und der zweite, der nicht da ist, aber schon hinaus ging […] – das ist die Vergangenheit. Der dritte Bruder im Rätsel ist „der Kleinste der drei, aber ohne ihn gäb's nicht die anderen zwei […]"- hiermit beschreibt Michael Ende die Gegenwart. „Das große Reich", indem alle drei Brüder zusammen regieren, ist die „Zeit".

---

[14] Ebd., S. 176
[15] Ebd., S.175

Für Michael Ende besteht „Zeit" also aus den drei Faktoren Vergangenheit, Gegenwart und Zukunft; sie ist ferner ein Aufeinanderfolgen dieser drei. Um über Vergangenes berichten zu können, brauchen wir die Gegenwart. Die Gegenwart hat genau zwei Eigenschaften: Sie vergeht und gleichzeitig wird aus dem Vergangenen etwas Neues/ Zukünftiges.

Desweiteren stellt Michael Ende die Zeit im zweiten Kapitel sehr abstrakt dar. Er nutzt dazu die Figuren der grauen Herren. Die grauen Herren sind eines der zentralen Themen des Buches und können auf unterschiedliche Weise interpretiert werden.

Sie sind „wie eine lautlose und unmerkliche Eroberung, die tagtäglich weiter vordrangen und gegen die sich niemand wehren konnte, weil sie niemand so recht bemerkte"[16]. Sie sind Zeitdiebe, die versuchen, den Menschen unbemerkt ihre Zeit zu stehlen, um selbst leben zu können. Die Bewohner des Dorfes sollen schneller arbeiten und alles Überflüssige aus ihrem bisherigen Leben streichen (z.B. zeitraubende Unterhaltungen unterlassen, Gespräche verkürzen etc.), um Zeit zu sparen.

Eine Konsequenz dessen ist, dass sie dadurch schnell die Lust an der Arbeit verlieren, nervöser und ruheloser werden und jeder Handgriff nach einem genauen Zeitplan festgelegt ist. Von all der Zeit, die man angeblich einspart, bleibt aber nie etwas übrig. „Niemand schien zu merken, dass er, indem er Zeit sparte, in Wirklichkeit immer ärmer, immer gleichförmiger und immer kälter wurde. Deutlich zu fühlen jedoch bekamen es die Kinder, denn auch für sie hatte niemand mehr Zeit. Aber Zeit ist Leben. Und das Leben wohnt im Herzen. Und je mehr die Menschen daran sparten, desto weniger hatten sie"[17]. „Die Kinder bekamen nach und nach Gesichter wie kleine „Zeit- Sparer. Verdrossen, gelangweilt und feindselig taten sie, was man von ihnen verlangte. Und wenn sie doch einmal sich selbst überlassen blieben dann fiel ihnen nichts mehr ein, was sie hätten tun können"[18].

Desto mehr Zeit die Dorfbewohner „sparten", desto mehr stahlen die Zeitdiebe davon, und desto gestresster und unglücklicher wurden die Menschen.

Die Zeitdiebe in Michael Endes Roman sind anmutige Metaphern. Sie stellen die Dinge in unserem Leben dar, die wir ohne Sinn und Ziel machen; Zeiten, die wir nicht genießen- aus welchen Gründen auch immer. Zeitdiebe rauben unbemerkt die Zeit der Menschen und gaukeln ihnen vor sie seien wichtig, wie in Michael Endes Roman „Momo". Vielleicht ist es der Fernsehfilm zum Relaxen oder das Surfen im

---

[16] Michael Ende: Momo oder Die seltsame Geschichte von den Zeitdieben und von dem Kind, das den Menschen die gestohlene Zeit zurückbrachte. 2. Auflage. Stuttgart/ Wien: Thienemann Verlag GmbH, 2005, S. 43
[17] Ebd., S. 78
[18] Ebd., S. 207

Internet, um informiert zu bleiben? Für Zeitdiebe findet man immer einen guten Grund. Aber doch merkt man, dass durch die Zeitdiebe der Stresslevel steigt, weil die wichtigen Ziele und Wünsche auf der Strecke bleiben. Man bemerkt sie erst dann, wenn die Resultate hinter den Erwartungen zurückbleiben. Die Menschen werden gestresst und unglücklich.

Michael Ende beschreibt mit den Zeitdieben eine aktuelle Thematik der Gesellschaft. Sie sind mehr oder weniger als eine Art „kollektives Unbewusstsein zu verstehen, dass von einer Ideologie angesteckt wird, die als Ziel einen „ungesunden" Gedanken hat: die immerwährende Suche nach Gewinn und Erfolg"[19]. Die Menschen der heutigen Gesellschaft streben also weniger nach Gesundheit und Glück, sondern sind nur auf Geld und Erfolg aus. „Dadurch haben sie immer weniger Zeit; sie machen eigentlich nicht das, was sie wirklich gerne machen wollen; sie sind unglücklich, weil sie nicht im „Hier und Jetzt" leben können"[20].

Trotz der Kritik an der Gesellschaft stellt Michael Ende die Zeit hier als etwas Kostbares dar. Er appelliert an die Menschen, ihre Zeit zu genießen, glücklich zu sein und sich nicht zu überarbeiten.

### 4.3.    Kapitel: „Die Stunden- Blumen"

Im dritten und letzten Kapitel von Michael Endes Roman „Momo" erkundet die Hauptfigur Momo zusammen mit Meister Hora, wo die Zeit herkommt. Meister Hora ist der Verwalter der Zeit. Er beeinflusst das Leben der Menschen ständig: er teilt ihnen ihre Zeit zu, er ist ein unabdenkbarer Teil ihrer Welt.

Michael Ende beschreibt den Ort der Zeit sehr fantasievoll, sodass sich der/ die Leserin darauf einlassen kann. Der Autor stellt ihn als etwas Wunderbares dar. Sie befindet sich im Herzen der Menschen und ist von vollkommener Schönheit geprägt. Man hört im Unterbewusstsein leise Musik und sieht im Inneren des Herzens eine Blütenknospe, die auf einem dunklen Teich schwimmt.

Diese Blütenknospe benennt Michael Ende als „Stundenblume". Diese Stundenblume blüht in ihren bunten Farben insgesamt eine Stunde lang. Dann verwelkt sie. Im Anschluss steigt eine neue Stundenblume auf, die noch viel schöner blüht, als die vorherige. Diese blüht wieder eine Stunde usw.

Michael Ende stellt die Zeit also als eine prächtige Blütenknospe dar, die aus einem Teich aufsteigt (Vergangenheit), in ihrer bunten Blütenpracht blüht und verwelkt (Gegenwart) und später wieder neu erblüht (Zukunft). In dieser bildhaften Beschrei-

---

[19]: Michael Ende und seine phantastischen Erzählungen: Momo und Die unendliche Geschichte. http://is.muni.cz/th/145412/ff_b/Bakalarska_diplomova_prace.pdf (Zugriff: 08.04.2013)
[20] Ebd., Růžena Sedlářová

bung finden sich auch die drei bereits genannten Faktoren von Zeit, nämlich Vergangenheit – Gegenwart – Zukunft wieder.

## Schluss

Zeit ist ein Phänomen, das wir bis heute nicht genau erklären können. Wir können sie
nicht anhalten, nicht zurückdrehen, sie fließt immer von der Vergangenheit in die
Zukunft und in eine Richtung. Albert Einstein definierte Zeit in seiner Relativitätstheorie als „4. Koordinate", im Alltag bezeichnen wir mit Zeit das, was Uhren messen.

Michael Ende stellt das Motiv „Zeit" in seinem Roman „Momo" sehr vielfältig dar.
Zu Beginn seines Romans stellt die Zeit für ihn etwas dar, was Veränderungen be-
wirkt, wie z.B. die Veränderungen einer Stadt oder Person.
Außerdem sieht Michael Ende die Zeit als eine Bereicherung für die Menschen an.
Wenn sich Menschen Zeit für etwas nehmen, so sind sie ehrlich und vergessen in der
Eile nicht irgendetwas zu erzählen. Dieses wirkt sich immer positiv auf das Leben
miteinander aus. Im zweiten Kapitel stellt Michael Ende die Zeit als etwas dar, das
alle Menschen kennen und an der alle teilhaben. Sie ist messbar und für jeden unter-
schiedlich wahrnehmbar. Sie kann einem wie eine Ewigkeit vorkommen, aber sie
kann auch wie ein kurzer Augenblick vergehen.
Der Autor stellt Zeit auch als etwas „Subjektives" und „Lineares" dar. Jeder hat sie
und jeder kann sie sich nach Belieben einteilen. Sie fängt mit der Geburt an und hört
mit dem Tod auf.
Im Verlauf des Märchenromas erscheinen die grauen Herren; die sogenannten Zeitdiebe, die den Bewohnern des Dorfes ihre Zeit stehlen, um selbst zu überleben.
Mit den grauen Herren stellt Michael Ende den Stress der Menschen dar. Durch ihre
Arbeit und den Alltagsstress bleibt den Menschen nicht genügend Zeit die schönen
Dinge und Seiten des Lebens kennenzulernen. Die Menschen sind gestresst und un-
glücklich. Damit beschreibt Michael Ende die momentane Gesellschaft, in der den
Menschen keine Zeit mehr bleibt, das Leben wirklich zu genießen. Das Streben nach
Ruhm und Geld ist wichtiger, als nach Gesundheit, Glück und Familie. Der Autor
möchte damit zum Ausdruck bringen, dass Zeit etwas sehr Kostbares ist, was jeder
Mensch genießen sollte, solange er dazu in der Lage ist.
Am Ende des Märchenromas definiert Michael Ende den Begriff Zeit als das Nach-
einander von Vergangenheit- Gegenwart- Zukunft. Zugleich beschreibt er den Le-

ser/innen den Ort der Zeit. Die Hauptfigur Momo entdeckt ihn zusammen mit Meister Hora, dem Verwalter der Zeit. Der Ort der Zeit ist für Michael Ende demnach etwas Wunderbares und Einzigartiges. Er befindet sich direkt im Herzen des Menschen und besteht aus einer wunderschönen Blütenknospe, die auf einem dunklen Teich schwimmt. Im Laufe der Zeit verwelkt diese Blütenknospe, jedoch taucht danach aus dem Teich sofort eine neue, noch schönere Blüte auf.

Eine Möglichkeit, an diese Ausarbeitung anzuschließen, wäre, zu untersuchen, inwieweit sich die Zeitdiebe bereits in unsere Gesellschaft eingeschlichen haben. Ist die Situation wirklich so kritisch, wie Michael Ende sie in seinem Roman beschreibt? Was denken die Leute heute über das Thema „Zeit"? Wie viele Menschen nehmen sich heutzutage noch die Zeit für die schönen Dinge des Lebens?

Ferner könnte man anhand der hier dargestellten Ergebnisse den Autor Michael Ende nach dem Sinn seines Romans „Momo" befragen. Welche Intention oder Absichten verfolgte er mit seinem Werk? Welche verschiedenen Auslegungsarten gibt es?

# Literaturverzeichnis

## Primärliteratur

Ende, Michael: Momo oder Die seltsame Geschichte von den Zeitdieben und von dem Kind, das den Menschen die gestohlene Zeit zurückbrachte, Stuttgart/ Wien, 2005, Thienemann Verlag.

## Sekundärliteratur

Unbekannt: Definition Zeit. In: Das Aktuelle Wissen.de Lexikon. Band 24. Martin Kramer und Michael Schack. GGP Media GmbH, Pößneck 2004, Seite 240- 241

Unbekannt: Definition Zeit. In: Brockhaus Lexikon: 11. aktualisierte Auflage, Brockhaus Verlag, Leipzig 2005, Seite 1005

Sedlářová, Růžena: Michael Ende und seine phantastischen Erzählungen: Momo und Die unendliche Geschichte.
http://is.muni.cz/th/145412/ff_b/Bakalarska_diplomova_prace.pdf (Zugriff: 08.04.2013)